DE L'ALLEMAGNE

ET DE

LA RÉVOLUTION,

Par Edgar Quinet.

PARIS.

PAULIN, PLACE DE LA BOURSE.

1832.

DE

L'ALLEMAGNE

ET

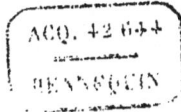

DE LA RÉVOLUTION,

PAR EDGAR QUINET.

PARIS.

PAULIN, PLACE DE LA BOURSE.

1832.

DE L'ALLEMAGNE

ET

DE LA RÉVOLUTION.

❋

IMPRIME CHEZ PAUL RENOUARD,
RUE GARENCIÈRE, N° 5, F. S.-G.

❋

DE L'ALLEMAGNE

ET

DE LA RÉVOLUTION. [1]

———❖———

Un état peut être amené à une telle condition qu'il n'y ait rien à en dire sans paraître accuser à-la-fois le pouvoir qui l'a faite et le pays qui la supporte. Dans ces époques sans espoir, il faut se taire. Au contraire, il est des temps où, sous une apparence de ruines, se prépare pour un peuple une meilleure fortune. Alors il faut parler. Ces temps, ce sont les nôtres. Si la destinée de la France était de demeurer ce qu'elle est aujourd'hui, il ne nous

(1) Extrait de la première livraison de janvier 1832 de la *Revue des Deux-Mondes.*

1

resterait, pour nous, rien à faire qu'à effacer de nous-mêmes ce que nous avons vu du reste de l'Europe, et à endormir solitairement, comme nous pourrions, notre pays sur sa défaite. Nous nous enfermerions avec lui dans sa chute, et nous y trouverions encore de quoi nous abuser jusqu'à la fin. Mais si la fatalité qui nous tient depuis un siècle par la main, nous éclaire de plus en plus notre marche à nous tous, peuple, gouvernement, monarchie, démocratie ; si, après y avoir mieux pensé ; si, après des séjours et des observations prolongées hors de France, il devient manifeste que ce qui est aujourd'hui notre faiblesse sera plus tard notre force ; que de notre infirmité naîtra notre puissance, et que tout le péril reste pour le pouvoir actuel, qui cherche son salut là où le plus grand nombre voit sa ruine : alors le pire service qu'on ait à rendre à l'état est de lui pallier de nouveau ses dangers et son abattement ; car, dans des jours pareils, ce n'est plus le droit, c'est le devoir de ceux mêmes dont la voix est la plus faible, de dire ouvertement ce qu'ils ont vu autour d'eux, afin que les pouvoirs menacés reçoivent jusqu'au bout des avertissemens de tous côtés, qu'on ne les laisse pas traîtreusement se tuer par leurs armes dans leurs propres embûches ; qu'au moins le pays sache bien que pour lui, quoi qu'il arrive, il sortira la vie sauve ; et qu'il mesure, s'il le veut, sa fortune à venir par sa misère présente.

Chaque peuple a en lui un point par lequel il l'emporte sur tous les autres, et ce point unique domine et reparaît à chaque époque décisive de son histoire. L'Italie a pour elle l'indépendance des mœurs, la vie facile, le bonheur et l'exaltation des sens, l'insouciance que donne l'habitude des ruines ; elle a surtout à son service le génie de l'art, qui partout ailleurs est un effort, qui, chez elle, est une institution divine et naturelle.

L'Allemagne, bien qu'amenée chaque jour sur le penchant de la France, a pour elle son bonheur domestique, ses préoccupations de famille, un reste de vieilles mœurs qui, nulle part, ne sont plus reposées que là ; peu de soucis, moins de desirs, une vie religieuse qui lui a suffi long-temps : il faut dire aussi qu'elle a incontestablement plus de science, et une science mieux répandue, plus vivante, plus libérale, dans laquelle elle a consenti jusqu'à ce jour à enfermer son ambition et son génie novateur. Tout l'effort de notre gouvernement, pour répondre aux exigences de l'industrie, n'empêche pas que l'Angleterre ne soit en ceci notre maîtresse, et que la France n'égalera jamais dans le mouvement du commerce la vitesse d'une île qui flotte comme un vaisseau, et aborde avant elle tous les climats, bien loin, comme on l'a dit, d'être enfermée dans aucun. Notre sol n'est pas aussi fertile que l'Amérique du sud, et notre liberté si inquiète, si redoutée, qui vit au jour le jour, moitié achevée, moitié agenouillée devant le reste de l'Europe, est bien loin de la liberté confiante et satisfaite de l'Amérique du nord.

Ainsi, ni l'industrie, ni la science, ni la liberté, ni l'art, ni la religion ne donnent à la France sa prééminence à elle. Au contraire, elle resterait plutôt inférieure par ces côtés aux nations qui l'entourent. Quelle est donc la part qui lui reste? Quel est le principe qui lui appartient en propre, et n'appartient à personne autant qu'à elle. Ce mobile est l'instinct de la civilisation, le besoin d'initiative d'une manière générale dans les progrès de la société moderne. Il est pour elle ce qu'est pour l'Italie le sentiment de l'art, pour l'Allemagne la préoccupation de la science et de la religion. Désintéressé et impérieux néanmoins, comme toutes ces choses qui se font aussi sans profit immédiat, c'est lui qui fait l'unité de la France, qui donne un

1.

sens à son histoire, et une âme au pays. Otez-le-lui pour un jour, ou seulement faites qu'il disparaisse de la vie publique, vous n'atteignez pas pour cela les peuples étrangers dans leur élément vital. Vous faites descendre la France au-dessous de tous ceux qui l'entourent, au point de la rendre méconnaissable à elle-même ; car cette force de civilisation, ce besoin d'influence extérieure, c'est la meilleure partie d'elle-même ; c'est son art, c'est son génie, c'est son bonheur à elle, c'est sa science, c'est sa morale, quand tant de régimes successifs ont affaibli la morale particulière ; c'est sa foi, et il ne lui en reste pas d'autre, pourquoi la lui enlever ? c'est sa religion qui n'est plus dans les églises, pourquoi la lui arracher ? c'est sa vie sociale avec tout son avenir, pourquoi la lui briser ?

Quoique ce principe soit suffisamment reconnu, le gouvernement s'est jusqu'ici établi sur l'idée que la révolution de 1830 y a fait exception. La révolution a été pour lui un fait personnel à la France, et qui devait chercher en lui-même et dans ses propres bornes, son entière satisfaction. Un mouvement de civilisation est devenu entre ses mains un accident fortuit, un moment de colère dans un peuple, une querelle intérieure bonne à cacher à ses voisins, et dont tout l'art devait être de nier sa connivence avec le reste de l'Europe. En vain le retentissement que produisait notre révolution à l'étranger, montrait aux plus inattentifs qu'il s'agissait d'un fait européen longuement préparé ; lui persistait dans sa chimère d'une réforme à huis-clos. Il arriva même à croire que la réforme intérieure était tellement indépendante de l'état extérieur du pays, que ces deux choses pouvaient subsister et s'accroître dans deux ordres inverses. En sorte, que chaque progrès au-dedans serait racheté par une perte au-dehors, et qu'une demi-liberté civile serait payée à

l'étranger par une entière soumission politique. Soit aveugle-
ment sincère, soit plutôt que l'honneur national ait été traité de
telle sorte sous l'ancien gouvernement, qu'un autre ait pu
croire en vérité qu'il ne valait pas la peine de garder ce qui
pouvait en rester, chaque effort de la France pour se relever
au-dedans est ainsi marqué par une chute au-dehors. On se laisse
arracher les lambeaux d'une loi électorale,—mais au moins on
la paiera par le sacrifice et le sang de l'Italie; on ne peut tant
faire que d'ajourner plus tard l'organisation municipale,—mais
au moins pour cela on fera l'abandon de la Belgique. Enfin,
l'institution de la pairie est menacée, il faut l'abandonner;—
mais pour cette large part faite à l'esprit du pays et à la nécessité, que reste-t-il à livrer en échange? Songez que pour la conquête la plus importante de la révolution, il faut un tribut égal.
Que fera-t-on? Le Rhin est abandonné, le Luxembourg est
livré, la Belgique est désertée. Il faut aller plus loin; on creu-
sera le tombeau de la Pologne, et au prix de ses funérailles, on
mettra à l'encan le manteau de la pairie.

C'est-à-dire que la France sera amenée en cette contradiction,
que plus sa constitution intérieure se fortifie, plus son poids
diminue au-dehors, et qu'on lui fera perdre dans le droit européen tout ce qu'elle aura gagné dans son droit politique et privé.
Il est des états que l'on conduit tranquillement à leur ruine
avec une certaine harmonie de toutes les parties, laquelle
ménage les secousses et les brisemens dans la chute. Mais c'est
une condition particulière à la France que ses progrès d'un côté
qui servent de l'autre à son épuisement, que sa force qui se
retourne contre elle, que ses victoires qui la tuent, que ses
garanties qui s'achètent par son indépendance, et que sa liberté
qui lui crée autour d'elle une solitude que le despotisme n'avait

point encore réussi à lui faire. Avec des organes moins flexibles, la France aurait déjà succombé à cette contradiction qui gronde dans l'état, et menace à la fin de l'entr'ouvrir violemment.

C'est qu'il n'est au pouvoir de personne de soustraire un évènement social à la solidarité de la civilisation. On peut s'emparer d'un peuple au profit d'une personne, mais non le cloîtrer impunément dans une œuvre et une liberté solitaires. Bien moins encore qu'une idée, un fait de civilisation qui sert à l'accomplissement d'une ère inachevée, ne peut pas rentrer en lui-même, se refouler dans l'enceinte d'un intérêt local, ou s'il le fait, c'est pour dévorer les entrailles du pays qui se condamnerait à le recéler à son profit sous sa robe virile. Y a-t-il quelque part une merveille plus grande que ce phénomène? On connaît un pays qui est au lendemain d'une victoire décidée ; il a obtenu ce qu'il désirait le plus ; il a quitté son fardeau. On ne peut même nier que les conditions principales de son pacte nouveau ne s'accomplissent, lentement, il est vrai, et à regret, mais irrévocablement; et voilà aussitôt dans une même proportion la fortune publique qui tarit à vue d'œil, tous les projets qui avortent, toutes les opinions qui se brisent, toutes les illusions qui tombent, et une inexplicable tristesse qui a saisi l'état et corrompu jusqu'à la moelle toutes les espérances de l'esprit national. On a cherché la cause de ce phénomène dans quelques accidens particuliers, des ambitions trompées, des partis impatiens, ou tout au plus, dans l'inachèvement de la loi organique. Mais un mal qui persiste si long-temps ne peut s'expliquer que par une déviation nécessaire du plan même de la civilisation. N'est-ce pas en effet une chose qui suffit au deuil d'un pays que ce désenchantement de lui-même, que ce réveil dans l'isolement, que ce sceptre de l'opinion publique que les siens lui arrachent? Quand le génie

même de la civilisation s'éloignerait de la France, je demande
ce qui se passerait autrement, et ce qu'il y aurait d'étrange à ce
que le pays en fût ému. On ne renonce pas sans effort à un
héritage d'honneur de mille années. On n'abdique pas sans souci
une initiative sociale que Louis XIV avait fondée, que la régence
même avait su conserver, que la révolution et l'empire avaient
proclamée, pour prendre l'incognito dans l'histoire et les affaires
d'ici-bas; et ce travail pour se rapetisser ne se fait pas sans gêne.
Tout ce que la France a souffert sous la restauration pour ses
franchises intérieures, la France le souffre aujourd'hui dans
l'idée de la civilisation; et nous portons le deuil des peuples qui
meurent au loin pour notre indépendance, comme nous avons
porté le deuil des hommes qui défendaient sous nos yeux le
seuil de nos libertés privées. Soit bonheur, soit malheur, la
France depuis deux siècles a mis sa destinée à se faire l'organe
dominant de la civilisation. Ce n'est pas pour elle un luxe, une
chimère, un superflu dans la richesse. Encore une fois, c'est
l'idée qu'elle représente, et pour laquelle elle est. C'est la pensée
qui rallie ses parties, qui tient son territoire uni, qui sert d'attraction naturelle aux provinces conquises. A mesure qu'aujourd'hui cette pensée s'en détache, le dépérissement commence;
il faut la garder ou périr.

. Car toujours la forme dominante dans les institutions privées
de chaque état a été reproduite en grand dans la forme et la
constitution générale de l'Europe. Tant que la législation féo-
dale a partagé le sol de chaque peuple, l'Europe elle-même,
dans le rapport de ses états entre eux, a présenté l'aspect d'un
vaste fief. La France, l'Angleterre, l'Espagne, et même l'empire germanique, furent autant de grandes baronies qui rele-
vaient du pape, comme de leur seigneur suzerain. Après la

chute de l'aristocratie, quand la monarchie resta partout maîtresse, que devint la forme générale de la constitution de l'Europe? La France s'éleva sous Louis XIV à une condition qui
ressemblait à une royauté sur le continent. Cette royauté fut
acceptée par le dix-huitième siècle, et décidément constituée
par la révolution. Pendant ces trois époques, la France a porté
héréditairement la couronne du monde occidental. Et maintenant aussi, que l'on pousse la France à se retirer comme une
dynastie qui a achevé son temps, ce nivellement de toutes les
puissances, cette grande image de démocratie dans la constitution de l'Europe, ne cachent-ils pas en eux un changement ana-
logue dans la forme des institutions privées de chaque état, et
cette conséquence logique, n'est-ce pas le désespoir de ceux
qui la hâtent et la forcent à leur insu?

Mais, quand même on s'accommoderait de cette conséquence, il ne faut guère compter, si la France se laissait dé-
pouiller de son fardeau d'honneur, et venait à se lasser de sa
mission sociale, que personne ne se trouverait pour recueillir son
héritage, et que, s'il nous plaisait de perdre notre place, l'humanité manquerait d'organe pour cela. Il est un pays qui nous a
toujours trompés dans notre jugement. Toujours nous l'avons
cherché à un demi-siècle de distance de la place où il était
réellement, tant son génie est peu conforme au nôtre, et nous
donne peu de prise pour le connaître au fond. Son mouvement
sourd et intime se dérobe incessamment à nous, et ne se laisse
apercevoir que long-temps après qu'il est fini. C'est le mouvement des nations germaniques. Pendant un demi-siècle, nous
les avons crues occupées à imiter la France, et courbées sous
notre joug, quand déjà elles avaient fondé une réforme philosophique qui devait plus tard nous envahir et saper nos propres

traditions. Aujourd'hui il se passe quelque chose d'absolument semblable. Si nous nous représentons l'Allemagne, c'est encore l'Allemagne de madame de Staël, l'Allemagne d'il y a cinquante ans, un pays d'extase, un rêve continuel, une science qui se cherche toujours, un enivrement de théorie, tout le génie d'un peuple noyé dans l'infini, voilà pour les classes éclairées; puis des sympathies romanesques, un enthousiasme toujours prêt, un don-quichotisme cosmopolite, voilà pour les générations nouvelles; puis l'abnégation du piétisme, le renoncement à l'influence sociale, la satisfaction d'un bien-être mystique, le travail des sectes religieuses, du bonheur et des fêtes à vil prix, une vie de patriarche, des destinées qui coulent sans bruit, comme les flots du Rhin et du Danube, mais point de centre nulle part, point de lien, point de désir, point d'esprit public, point de force nationale, voilà pour le fond du pays. Par malheur tout cela est changé.

Comme la révolution française a constitué dans l'état les théories flottantes du dix-huitième siècle, ainsi les nations germaniques marchent aujourd'hui à grands pas vers la réalisation des principes abstraits qu'elles ont mis près de cinquante ans à établir chez elles. On aurait tort de juger ces principes par la philosophie qui s'était chargée de les importer chez nous sous la restauration. Il est permis d'avouer aujourd'hui que cette école, avec les meilleures intentions, ne fit guère que rassembler au hasard un pêle-mêle de contradictions et d'ombres sans objets, soit la nécessité de cacher le plagiat sous l'exagération du modèle, soit aussi que chaque système d'idées ne trouve ses correctifs et ses complémens nécessaires que dans le pays où il est indigène. La réaction générale qui éclate aujourd'hui en Allemagne contre la philosophie, ne vient pas de la haine des principes en eux-mêmes, mais de l'espèce d'effroi que l'on y a de retomber sous le charme de la vie contemplative. Je connais une foule d'hommes à qui le souvenir de telle théorie métaphysique inspire la même épouvante que chez nous le fantôme de 93 à ceux qui ont failli succomber à cette époque. Les idées de tous genres ont été répandues avec une telle profusion, qu'elles débordent maintenant d'elles-mêmes. Les esprits en ont été si long-temps repus et enivrés, qu'elles les rebutent maintenant, et n'ont plus à elles seules ni saveur ni valeur. Dans une vie de repos, le souvenir de l'invasion de 1814, et la joie de s'être une fois mêlé au mouvement du monde, ne se sont point encore calmés ; au contraire, ils ont créé l'amour et le goût de l'action politique dans le même rapport où ils ont éveillé chez nous l'esprit de conciliation et le goût du repos. La grandeur des évènemens contemporains cause une certaine impatience de n'y pas prendre plus de part. Les luttes religieuses qui, il y a peu d'années, sillonnaient encore le pays et l'ébranlaient à la surface, se sont tues devant le cri des intérêts actuels. L'enthousiasme du commencement de ce siècle, tant de fois trompé et flétri, s'est converti en fiel, et l'Allemagne a retrouvé le sarcasme de Luther, pour railler ses propres rêves et sa candeur passée. Hospitalière, qui en doute ? facile à contenter dans ses relations privées, c'est ce qu'elle sera toujours ; mais pour l'exaltation naïve, l'ancienne foi, l'abnégation, le recueillement, l'insouciance politique, vous arrivez trop tard. Les faits l'ont trop rudement meurtrie dans ses chimères, et il ne lui en reste plus, à vrai dire, qu'une amertume sans bornes, par laquelle elle s'accuse et se ronge elle-même.

Ces considérations, qui s'étendent à toute l'Allemagne, sont surtout vraies de la Prusse. C'est là que l'ancienne impartialité et le cosmopolitisme politique ont fait place à une nationalité

irritable et colère, et que l'empressement a été grand à se dé-
faire au plus tôt de l'admiration que la révolution de 1830 avait
reconquise à la France. C'est là que le parti démagogique a fait
d'abord sa paix avec le pouvoir, à la condition de reprendre les
provinces d'Alsace et de Lorraine. C'est qu'en effet ce gouvernement donne aujourd'hui à l'Allemagne ce dont elle est le plus
avide, l'action, la vie réelle, l'initiative sociale. Il satisfait outre
mesure son engouement subit pour la puissance et la force matérielle, et elle lui sait gré de montrer que, sous ce nuage idéal
où on se l'était toujours figurée, elle sait au besoin forger comme
un autre des armes et des trophées de bronze(1). Au premier aspect, il est étonnant que le seul gouvernement populaire, au-
delà du Rhin, soit presque le seul despotique dans sa forme;
mais ce despotisme n'est pas le despotisme hébété de l'Autriche;
c'est un despotisme intelligent, remuant, entreprenant, auquel
il ne manque encore qu'un homme qui regarde et connaît son
étoile en plein jour, qui vit de science autant qu'un autre d'i-
gnorance. Entre le peuple et lui, il y a une entente secrète
pour ajourner la liberté, et mettre en commun leurs ambitions
à la poursuite de la fortune de Frédéric. Pour le reste de l'Allemagne, ce despotisme est plus menaçant que celui de l'Autriche;
car il n'est pas seulement dans le gouvernement, il est dans le
pays, il est dans le peuple, il est dans les mœurs et le ton par-
venu de l'esprit national; et puis il ne veut pas seulement durer
et s'accroupir comme sur les bords du Danube. L'Autriche peut
se contenter de cela. Depuis la réforme, en restant catholique,
elle s'est détachée de l'alliance des nations germaniques; elle
s'est fait une destinée à part, et ne cherche fortune qu'au loin.

(1) Le monument de Waterloo à Berlin est en effet de bronze.

Dans le mouvement d'idées qui vient de réveiller le nord, elle
est restée encore une fois impassible. Les luttes philosophiques
ont de nouveau dévoré le sol tout autour d'elle ; elle ne s'en est
pas plus émue qu'elle ne fit autrefois à la nouvelle des thèses du
docteur de Wittemberg. A travers ces innovations, tranquillement et machinalement elle a continué de creuser son terrier
du côté de l'Italie et de la Sclavonie, comme la louve du Danube, sans s'arrêter ni se lasser jamais. Et dans tous les cas, ce
qui la rend commode à ses voisins, c'est que sa foi parfaite dans
les conversions de la force quand on l'a obtenue, la préserve de
toute ardeur de prosélytisme moral, et l'empêche de faire aucun
effort intempestif pour regagner les intelligences. Au contraire,
le despotisme prussien ne perd pas des yeux les destinées intérieures des nations germaniques ; c'est sur elles qu'il veut peser
sciemment ; il faut qu'il les envahisse de haute lutte par l'intelligence et puis plus tard par la force, s'il le peut. Autant on
aime le silence à Vienne, autant lui a besoin de fracas ; il veut
faire du bruit et il en fait, car il est vain, vif, prêt à tout ; de
plus, il a des idées à lui, il a des systèmes à lui, une philosophie, une science et des sectes à lui ; il réunit, on ne peut le
nier, ce qu'il y a au monde de plus pratique et de plus idéal,
de mieux ordonné et de plus dévergondé, et prouve à merveille
que le soin des intérêts les plus matériels peut trouver des accom-
modemens avec cet éclat de théorie et cette préoccupation de
l'infini, dont ce pays, pour son honneur, ne se défera jamais.
Avec cela un avantage incontestable et qui rachète mille dé-
fauts, c'est que c'est lui qui a le privilège de tenir dans sa main
l'humiliation de la France, et de lui rendre le long affront du
traité de Westphalie ! Car il est loin de croire, pour sa part,
que des frontières reconquises ne soient que des champs ajoutés

à des champs; il sait très bien qu'une cause entière et l'honneur
d'un pays germent ou se flétrissent, selon son gré, avec l'herbe
de ce sol; que l'initiative, dans la société européenne, n'appartient pas à une terre, tant que l'on peut encore y compter un à
un les pas de l'étranger, et que c'est lui qui a brisé l'aile de la
fortune de la France.

Ce despotisme à double tête de l'Autriche et de la Prusse
serre au nord et au midi les états constitutionnels du reste de
l'Allemagne. Pour eux, dès leur naissance, après la restauration, ils ont servi à montrer un des phénomènes les plus étran-
ges du monde civil. Le principe de la civilisation moderne venait d'être vaincu en France; il s'y était rétracté et y avait crié
merci. Qui n'eût pensé que les vainqueurs allaient s'en emparer?
Ils en avaient l'intention; ils en firent l'essai, l'enthousiasme y
était, le génie aussi; mais il se trouva pour eux une impossibi-
lité merveilleuse, une impuissance magique à tirer un profit
moral de leur victoire. La force hérita de la force; mais de la
ruine du principe les peuples étrangers ne purent tirer pour eux
aucun fait social qui ne séchât entre leurs mains. Ce fut, à vrai
dire, une chose inouïe que cette incapacité à hériter de la fortune d'un pays dont on était les maîtres, et qui montrait bien
que l'idée de l'avenir restait pour quelque temps encore cachée
et inaliénable sous sa misère et sous sa ruine. Pendant quinze
ans, la place de la France reste vide, pendant quinze ans la couronne de la civilisation moderne traîne avec elle dans la boue.
Tout le monde peut la ramasser et la prendre à sa guise, il ne
faut pour cela que se baisser : qui en empêche? Et après cet
interrègne, il se trouve que, tant que la France a manqué au
monde politique, ses maîtres n'y ont pu avancer d'un pas,
et que, pour qu'ils cessent d'être la dupe de leur victoire, il

lui faut elle-même abolir leur triomphe et briser sa défaite.

En effet, pendant toute la restauration, ce fut une chose unique que la résignation de l'Allemagne à la perte de ses espérances. Les constitutions promises furent ajournées ; mais il faut avouer que la foule n'alla pas frapper souvent à la porte des princes pour les leur rappeler. Le mécanisme régulier du régime constitutionnel ne parlait pas assez vivement aux imaginations exaltées de 1819, pour qu'il leur laissât de longs regrets. Dans les universités si ardentes à la surface, si paisibles au fond, on ne dissimulait pas la crainte de perdre ses privilèges héréditaires dans l'égalité commune, et les esprits les plus élevés se laissaient aller à la peur de voir s'évanouir cette vie de livre et de science, cette solitude de poésie et de religion dans le bruit qu'allaient faire tant d'hommes et d'évènemens vulgaires tout-à-coup surgis dans la vie politique. C'est ainsi que j'ai vu des hommes d'une rare indépendance de doctrine sur tout le reste, s'effaroucher de la liberté de la presse, non point par les raisons banales que nous connaissons, mais au nom de la dignité de la science et de l'art, menacés de perdre le premier rang dans l'intérêt et l'attention du pays. Ils aimaient et cultivaient de loin le mouvement des progrès politiques en France, à condition toutefois qu'il ne s'approchât pas trop, qu'il restât à jamais dans un éloignement respectueux, et qu'il fût comme le bruit de l'histoire passée, dont le présent profite sans en avoir la peine. A cela se joignait, dans les esprits passionnés, une répugnance secrète à se replacer si tôt sous l'imitation de la France. Ceux-là, sans l'avouer, résistaient à la publicité des tribunaux, à l'institution du jury, comme ils auraient résisté à l'unité classique de nos vieilles tragédies, et leur patriotisme ombrageux mettait sa fierté à repousser tous les dons du vaincu. Enfin, une chose digne de remarque, c'est que la vie constitutionnelle et l'influence de la révolution française ne se sont développées dans les nations germaniques, ni chez les peuples tout protestans, ni chez les peuples tout catholiques; elles se sont répandues à leur centre, en Bavière, Wurtemberg, Hesse, Bade, dans les états moitié protestans, moitié catholiques, parce que la réforme ne s'étant faite là qu'à demi, ils ont été plus impatiens que les autres de l'achever d'un autre côté, et de regagner par la constitution politique ce qu'ils n'avaient pas obtenu par la constitution religieuse.

Quand la révolution de juillet éclata, elle ne fut sentie par personne plus vivement que par ces populations. Elles virent parfaitement que c'était un principe social qui venait d'apparaître, et se décidèrent cette fois à se mettre à son service, quelles que fussent les mains où il allait tomber. Leur rivalité avec la Prusse trouvait une excellente occasion d'éclater, et il est certain, et aujourd'hui avéré, qu'il y eut un moment où une politique élevée pouvait faire passer sous l'influence de la France toute l'Allemagne centrale. Si l'Allemagne eût pu croire servir le génie renaissant de la civilisation, et se rattacher à une idée féconde, il y a assez d'entraînement dans ce peuple pour qu'il eût été facile de le gagner; ses écrivains les plus populaires l'avouent aujourd'hui. Ce moment a existé; je l'ai vu de mes yeux. Il a été court, de ceux que le génie saisit, et qui ne se retrouvent plus quand on les a laissé échapper.

Car, il faut bien le dire, l'opposition des états constitutionnels est poussée à un but plus lointain qu'elle n'imagine, et elle a tout une autre profondeur que celle qu'on lui aperçoit à la première vue. En Bavière, elle lutte, il est vrai, avec une ardeur toute française contre un roi demi-poète, demi-grand homme, amateur de liberté, et plus grand fauteur d'arbitraire, espèce d'étudiant nouvellement épris des moralités de Werner, artiste ou antiquaire, comme on voudra, qui n'a pris au sérieux ni son peuple, ni sa couronne, qui évoque un jour à son de trompe dans ses états l'ancienne foi, l'ancienne liberté, l'enthousiasme des croisades, le génie et la vertu des vieux temps de l'indé-pendance germanique, pour le plaisir de les enharnacher des formes du passé, de les caparaçonner de liens féodaux, de les emmanteler de servitudes seigneuriales, pour voir défiler de sa fenêtre le convoi historique de son propre royaume, lui qui tient pendant ce temps sa monarchie debout sur l'escabeau d'un atelier, mis là au lieu du trône de pierre de Barberousse. Dans le duché de Bade, l'opposition a atteint un degré de vio-lence et d'impatience qui inspire dans le reste du pays au moins autant d'étonnement que de sympathie. Mais si, depuis quinze ans la liberté constitutionnelle n'a pas fait plus de progrès en Allemagne, c'est qu'elle n'est pas en première ligne dans les besoins du pays. Ces libertés locales çà et là groupées et étran-glées entre les poteaux de quelque souveraineté ducale s'agitent toutes dans un cercle vicieux. Elles ne peuvent logiquement exister et se développer qu'à la condition que quelque chose autre les accompagne; et ce quelque chose, c'est l'unité politique de l'Allemagne. Oui, l'unité, voilà la pensée profonde, continue, nécessaire, irrévocable, qui travaille ce pays et le sillonne en tous sens. Religion, droit, commerce, liberté, despotisme, tout ce qui vit ici (1), tout ce qui pense, tout ce qui agit, pousse à sa ma-nière vers ce dénoûment. Au quinzième siècle, l'Allemagne avait acheté la réforme au prix de son unité. Cet état jusque-là

(1) Ceci a été écrit en Allemagne; ce qui suit l'a été en France.

si homogène, cet empire du moyen âge qui dans sa forme indivisible représentait si bien le type d'un état catholique, tout cela vola en éclats, tout cela se délia en même temps que la foi dans la conscience nationale. Chaque province s'en alla revendiquer pour soi sa personnalité politique, comme chaque conscience s'était mise à relever de son autorité privée, et la grande unité du corps germanique se décomposa dans cette sorte d'anarchie régulière et féconde qui est le principe et la vie du dogme protestant. Depuis que la tunique de l'empire a été ainsi déchirée et partagée, deux choses ont servi à rapprocher ses parties et à rendre à l'état la conscience de lui-même. La première est le mouvement philosophique et littéraire de l'Allemagne; d'une part, ce mouvement fut tellement intime à l'Allemagne, elle mit une telle opiniâtreté à se soustraire à toute influence étrangère, elle se contint si bien dans les limites de sa nature à elle, elle se décida si imperturbablement à rester indigène, qu'aucune littérature ne donne mieux en effet, dans un instant déterminé, l'impression et presque le souvenir de toute la vie passée d'un peuple et d'une race d'hommes; ce fut une littérature de réaction. D'un autre côté, dans le manque absolu d'institutions, les lettres en servirent. Il y eut là pour l'art quelques années éternellement regrettables, où il fut véritablement ce qu'il avait été chez les Grecs, une force sociale, un lien politique, un pouvoir dans l'état. On n'avait ni les mêmes lois, ni le même pays. On obéissait à des princes différens, à des passions différentes. On ne se rencontrait guère dans la vie publique que sur le champ de bataille et dans des rangs opposés; mais tous on se sentait unis et inséparables dans un poème de Goëthe, dans un drame de Schiller, dans une improvisation de Fichte. Cette dictature de l'art était toujours prête pour intervenir dans les

2

déchiremens politiques; pendant près d'un demi-siècle, elle fit le lien de l'état, et c'est sa gloire dans les temps modernes, qu'en l'absence de toute loi organique, à deux siècles de distance de tout ce qui l'entourait, l'Allemagne se soit maintenue l'égale des autres peuples par le seul effort de sa pensée.

Après le génie des lettres, Napoléon est le second pouvoir qui a achevé de rallier l'Allemagne. Le lien que la poésie et la philosophie avaient préparé au fond des âmes, lui l'a cimenté à sa manière, par le sang et l'action au grand jour de l'histoire. C'est une chose sans exemple dans aucun peuple que ce développement extrême et ces fêtes du génie national qui coïncident avec le deuil de l'occupation étrangère. Sans doute c'est ce qui donne à cette époque ce caractère d'exaltation, de profondeur contenue et de fanatisme poétique qui n'appartient qu'à elle. J'ai peine encore, je l'avoue, à me représenter cette Allemagne d'alors si croyante et si jeune, ce pays de pieux dithyrambes, d'inspiration candide, surpris au plus beau moment de sa vie morale par le bruit du galop de l'empereur. Quel réveil, et après quelles chimères! L'inspiration était alors si forte, qu'elle ne fut point arrêtée par la conquête. Cette fois l'herbe des champs ne se flétrit pas sous la corne du cheval d'Attila ; et le génie national, atteint dans sa croissance, continua tranquillement son œuvre sous les pas de six cent mille ennemis. Figurez-vous ces populations divisées depuis des siècles, et rassemblées en sursaut par un malheur commun, les passions de tant de lieux différens, les duchés, les royaumes, les margraviats, les dialectes, les inimitiés, les rivalités locales, liées en faisceau pour être brisées d'un coup. Figurez-vous ensuite tout cela, ces passions, ces langues, ces souverainetés éparses, long-temps traînées à terre, et puis qui se mettent à se soulever sur leur base, à monter, à tournoyer toutes ensemble à la hauteur de leur ennemi, autour d'une même idée, d'une idée de patrie, comme les bas-reliefs autour de l'axe d'une colonne triomphale, et voilà une race entière reconstruite dans son génie et redressée dans l'histoire. Au lieu que les peuples arrivent ordinairement à ce vif sentiment qui fait la nationalité par la survenance d'un grand homme sorti de leur sein, et qui leur représente chez eux leurs qualités intimes, l'Allemagne n'y est parvenue que par son opposition au système et à l'homme du dehors. Chose triste à dire! il fallait à l'Allemagne, avec son laisser-aller, avec ses vertus vagues et exubérantes, avec son génie qui déborde au hasard, avec son cosmopolitisme errant, avec son territoire et sa pensée éparpillée; il lui fallait la main de Napoléon pour la presser, pour la froisser, pour la refouler géométriquement dans les limites de sa personnalité, pour lui apprendre à ses dépens à se circonscrire une fois dans une nationalité organique et vivante. Remarquez que ce monde de la réformation du quinzième siècle a toujours été se déliant, se morcelant, s'éparpillant de plus en plus, jusqu'à ce qu'il se soit rencontré tête baissée avec cet autre monde de la révolution française, pour se rallier et prendre une forme dans le choc. Et l'Allemagne, incertaine et poétique, marchant toujours au hasard dans un cercle magique, n'est venue à se connaître et à sortir décidément de son sommeil, pour ouvrir les yeux au monde réel, que depuis qu'elle s'est heurtée un beau jour contre le poitrail du cheval de l'empereur. Alors elle a commencé à connaître ce qu'elle pouvait valoir; et parce qu'elle n'a su qui elle était qu'en se mesurant avec lui et sur lui, à présent elle se met à exhausser son ennemi mort, autant qu'elle le rabaissait vivant, et à profiter pour son compte de toute la grandeur qu'elle lui découvre dans sa ruine. Ajoutez qu'elle le

remercie tout haut de lui avoir appris à elle, candide et arrié-
rée qu'elle était, à entrer dans les calculs et le savoir-faire du dix-
neuvième siècle. Admiration étrange mêlée d'autant d'amour
que de haine, systématique et naïve, et qui peint à merveille ce
peuple tout entier : sa conscience, sa foi dans l'ordre de l'histoire, ses scrupules à en médire, profond et voulant l'être, ca-
chant une abstraction derrière chaque borne du chemin, se
passionnant de reconnaissance pour l'évènement qui devait le
tuer, et ne pouvant s'accoutumer à ne pas porter aux nues
celui qui, en pensant l'écraser, lui a, contre son gré, donné
la vie.

La révolution de 1830, par la marche qu'elle a prise, a prêté,
malgré elle, à l'unité allemande le dernier appui qui lui était
nécessaire. Dans leur forme gauche et entravée, avec leurs pré-
tentions cachées, les états constitutionnels, depuis l'élan qu'ils
ont reçu, ne s'arrêteront plus avant le renversement du système entier des états germaniques. Le bruit qu'ils font, se perd, il est
vrai, en Europe dans le retentissement du dehors. Mais chez
eux, laissez faire ce tumulte inattendu ; laissez faire ces passions
scrupuleuses, cette œuvre lente et patiente. Quand chacun d'eux
aura sapé chez lui en conscience, à petit bruit, sa petite monarchie, vous verrez comment ces souverainetés éphémères vont
s'écouler paisiblement dans le sein d'une volonté constitutionnelle et nationale. Le principe monarchique, qui semble si fort
en Allemagne, n'a souffert nulle part, au contraire, une atteinte
plus profonde. Divisé, morcelé, tiré au sort, comme le pays
lui-même, depuis le seizième siècle, chacun a emporté avec soi
une partie de ses reliques. Dans ce grand deuil, l'un porte le
manteau, l'autre l'épée, l'autre la couronne de la royauté ; car
la réforme a mis la majesté impériale au pillage, et celle-ci sait

bien qu'il y aurait pour elle meilleur profit à disparaître qu'à
aller rechercher les membres de sa puissance, que Luther a bri-
sés et dispersés sur les toits. Oui, Luther a dispensé l'Allemagne d'avoir à son tour son Mirabeau; il l'a dispensée d'a-
voir sa convention; il lui a sauvé son échafaud et son Robes-
pierre. Ah! qu'elle l'honore de toutes ses forces son docteur,
et qu'elle n'oublie pas de sonner toutes les cloches son jour de
fête! car il lui a fait traverser à elle, sans qu'elle s'en doute, il
y a trois siècles, son 2 septembre, son ruisseau de sang sur la
Grève, et sa bataille d'Arcole. Traditions, pouvoirs, monarchie,
aristocratie, il a tout miné sous le sol, il a tout blessé au cœur.
A présent, il ne faut plus que le travail pacifique de quelques
états, pour enterrer ses morts. On parle d'un roi resté debout
après deux cents ans dans sa tombe. Rien n'était plus merveil-
leux, ni plus respectable que ce prince ainsi fait. Par malheur
le souffle d'un enfant le réduisit à rien. Le système entier de
l'Allemagne ressemble à ce roi dans son caveau; il ne faut qu'un
homme qui passe pour le réduire en poussière dans sa tombe;
et cet homme va passer.

L'opposition des états constitutionnels met donc ainsi toute sa
force à fonder chez elle une uniformité d'institutions. En apparence, elle s'appuie sur la France. Mais, quand même la France
ne la renierait pas, il ne serait plus en son pouvoir de s'attacher
à son char; et dans cette sympathie, il y a mille arrière-pensées,
parmi lesquelles le besoin de former une ligue nationale est
toujours la première. Irritables, parce qu'ils sont humiliés, har-
celés, mutilés, c'est dans ces états qu'il faut voir comment l'esprit allemand, si propre aux combinaisons larges et cosmopoli-
tes, s'en va misérablement, la tête branlante, se briser à chaque
pas, entre les deux murailles qui bordent son chemin. Vérita-

blement, on peut chercher long-temps, et ne trouver nulle part
une plus pitoyable condition. La contradiction est devenue aujourd'hui trop manifeste pour pouvoir durer entre la grandeur
des conceptions allemandes et la misère des états auxquels elle
s'applique. L'ambition politique éveillée par 1814 étouffe à l'é-
troit dans ses duchés. Je pourrais nommer les plus beaux génies de
l'Allemagne à qui le sol manque sous les pas, et qui tombent à
cette heure, épuisés et désespérés, sur la borne de quelque
principauté, faute d'un peu d'espace pour s'y mouvoir à l'aise.
A présent que les libertés locales ont fait des citoyens, il ne
manque plus qu'un pays pour y vivre ; et il est immanquable
que la forme illusoire de la diète germanique, assiégée qu'elle
est par les princes et par les peuples, ne s'écroule un matin,
sans bruit, dans une représentation constitutionnelle de toutes
les souverainetés locales. Le moment va venir où cette réforme
sera aussi imminente que la réforme du parlement d'Angleterre
et de la pairie en France ; car elle n'est pas seulement une des
nécessités politiques de l'Allemagne, les destinées du protestantisme l'entraînent aussi de leur côté. Après avoir dévoré le
cercle de ses discordes intérieures, le protestantisme, fatigué et
menacé, se rallie à son tour. Les confessions ennemies, le lu-
théranisme et le calvinisme, au bout de trois siècles, se récon-
cilient et se confondent dans le danger commun. Non-seulement
cela, mais le protestantisme, pour mieux ramener au cœur sa
vie éparse, se fait aujourd'hui des constitutions locales. Il aspire
ouvertement à les confondre dans un synode unique ; et l'Allemagne moderne, fondée tout entière sur le génie de la réformation, ne fait que représenter dans le changement imminent du
corps politique les nouvelles vicissitudes de son histoire religieuse.

De la religion descendons aux intérêts matériels qui semblent mener le monde quand on le regarde à la surface, et nous trouverons encore au bout le même résultat, seulement plus impatient. Quel était le cri de ralliement de ces populations de la Hesse, de Bade, de Saxe, du Hanovre, quand elles se mirent en branle il y a neuf mois? Quelle est la pensée vivante qui est à cette heure sous le toit de chacune des maisons de ces villages, autrefois si sereins, à présent si amers et si désenchantés. Cette pensée est l'unité du territoire de la patrie allemande, ce cri est l'abolition des frontières artificielles, le renversement des limites arbitraires, derrière lesquelles ils sont parqués, eux et leurs produits; sans échange, sans lien, sans industrie possible; chacun obligé de se suffire à lui-même et d'enfouir sa misère dans un coin, comme après la guerre de trente ans. Vraiment il faudrait être aveugle pour ne pas voir la tristesse de funeste augure du peuple allemand. Elle n'éclate pas comme chez nous par des cris; c'est une contenance funèbre sur son sillon, c'est une rancune effroyable; plus de prières, plus de chants, plus d'harmonie dans l'air, plus de fêtes domestiques; point d'émeutes comme en Angleterre ou en France, point de pétitions, point d'adresses politiques, mais des projets qui couvent sans rien dire, mais un levain qui s'aigrit et s'amasse à chaque heure, mais une colère patiente qui attend tranquillement d'avoir monté tous ses degrés, qui s'empoisonne à plaisir, qui ne demande pas mieux que d'être poussée à bout pour se débarrasser de sa lenteur naturelle et de son dernier scrupule. Jamais il ne se vit de tristesse de peuple plus poignante et plus menaçante. Aussi les assemblées politiques, qui connaissent leur pays, ont-elles parfaitement compris ce langage; toutes sont occupées à un contrat d'union pour l'abolition des frontières de douane; déjà l'une d'elles a voté ce contrat, dont la conséquence immédiate est de conférer à la Prusse le protectorat matériel de tout le reste des nations germaniques.

Ainsi, voilà l'unité du monde germanique que tout sert à relever, rois, peuples, religion, liberté, despotisme, et qui menace de fouler la France au premier pas. Cette unité n'est point un accord de passions que le temps mine chaque jour. C'est le développement nécessaire, inévitable de la civilisation du Nord. Jusqu'ici nous n'avions guère redouté que la Russie et les peuples slaves; nous avions sauté à pieds joints cette race germanique, qui commence, elle aussi, à entrer à grands flots dans l'histoire contemporaine. Nous n'avions pas compté que tous ces systèmes d'idées, cette intelligence depuis long-temps en ferment, et toute cette philosophie du Nord qui travaille ces peuples, aspireraient aussi à leur tour à se traduire en événemens dans la vie politique, qu'ils frapperaient sitôt à coups redoublés pour entrer dans les faits et régner chez eux avec l'état sur l'Europe actuelle. Nous qui sommes si bien préparés pour savoir quelle puissance est aux idées, nous nous endormions, je ne sais comment, sur ce mouvement d'intelligence et de génie; nous l'admirions naïvement, pensant qu'il ferait exception à tout ce que nous savons, et que jamais il n'aurait, pour son compte, l'ambition de passer des consciences dans les volontés, des volontés dans les actions, et de rechercher pour lui la puissance sociale et la force politique. Et voilà cependant que ces idées, qui devaient rester si insondables et si incorporelles, font comme toutes les idées qui ont jusqu'à présent apparu dans le monde, et qu'elles se soulèvent en face de nous avec toute la destinée d'une race d'hommes; et cette race elle-même se range sous la dictature d'un peuple, non pas plus éclairé qu'elle, mais plus avide, plus ardent, plus exigeant, plus dressé aux affaires. Elle le charge de son ambition, de ses rancunes, de ses rapines, de ses ruses, de sa diplomatie, de sa violence, de sa gloire, de sa force au-dehors, se réservant à elle l'honnête et obscure discipline des libertés intérieures; or, ce peuple, vous le connaissez. Depuis la fin du moyen âge, la force et l'initiative des états germaniques passe du midi au nord avec tout le mouvement de la civilisation. C'est donc de la Prusse que l'Allemagne est occupée à cette heure à faire son agent, au lieu de l'empire d'Autriche? Oui; et si on la laisse faire, elle la pousse lentement, et par derrière, au meurtre du vieux royaume de France.

En effet, au mouvement social que nous avons décrit ci-dessus, est attachée une conséquence que l'on voit déjà poindre, nécessaire, historique, parfaitement indépendante des passions et des rivalités actuelles. C'est qu'à mesure que le système germanique se reconstitue chez lui, il exerce une attraction invincible sur les populations de même langue et de même origine qui en ont été détachées par la force, et qu'il ne s'arrêtera pas qu'il ne les ait reprises. Il faut bien savoir que la plaie du traité de Westphalie et la cession des provinces d'Alsace et de Lorraine saignent encore au cœur de l'Allemagne, autant qu'à nous nos traités de 1815, et que, dans ce peuple qui rumine si long-temps ses souvenirs, on la trouve, cette plaie, au fond de tous ses projets et de toutes ses rancunes d'hier. Long-temps un des griefs du parti populaire contre les gouvernemens du Nord a été de n'avoir point arraché ce territoire à la France en 1815, et, comme il le dit lui-même, de n'avoir pas *gardé le renard, quand on le tenait dans ses filets.* Mais ce que l'on n'avait pas osé en 1815 est devenu aujourd'hui

le lieu commun de l'ambition nationale. Remarquez en effet
que toujours ces provinces limitrophes ont été absorbées au
profit d'un système social, et qu'elles ont incessamment servi à
fortifier le pays, qui se faisait, de la manière la plus éclatante,
le représentant de la civilisation sur le continent. Quand Char-
lemagne porta la civilisation au midi, il les prit et les jeta pêle-
mêle dans l'occident, pour faire pencher la balance de ce côté.
Quand l'empire d'Autriche supporta le poids de la société féo-
dale, et, par son équilibre avec la papauté, fonda le système
du moyen âge, elles lui revinrent et l'appuyèrent à sa base.
Quand plus tard la France devint le centre du progrès social,
la royauté de Louis XIV sut bien aller rechercher de nouveau
ces terres, et reprendre le gage d'avenir qui y est attaché. Ainsi,
oscillantes et flottantes, elles tombent toujours, dans la balance
de l'histoire, du côté du poids de la civilisation et de l'initiative
sociale. A mesure que la pensée de la France s'est agrandie
avec la révolution, la France aussi s'est ouverte peu-à-peu jusqu'au Rhin. A mesure qu'elle se rétrécit aujourd'hui dans son
génie, et qu'elle ne laisse plus paraître dans ses affaires qu'une
personnalité pusillanime et vide, la force qui lui avait été
donnée pour servir le monde, l'abandonne. Acculées dans les
conquêtes de la vieille royauté de Turenne et de Condé, ces
provinces elles-mêmes, qui lui avaient si bien livré leur foi,
commencent à s'étonner. Malgré elles, elles retombent sous
l'attraction formidable de tout le monde germanique, qui
n'attend plus qu'une occasion. Or, quelle est la nation placée
par l'Allemagne, pour épier et chercher cette occasion ? C'est
celle qui porte à sa ceinture les clefs de notre territoire, et qui
garde dans sa geôle la fortune de la France.

Mais, sans doute, pour résister au poids de cette civilisation

nationale et compacte, qui se forme au nord, la France se sera
fortement retranchée dans les positions historiques qu'elle a toujours gardées. Sans doute, elle se sera mise à la tête du système
politique de l'Europe du midi. L'Europe elle-même, en jetant
tout nouvellement ces populations dans son alliance, lui four-
nissait cet expédient naturel. C'est ici qu'il semble vraiment que
le génie de la France l'a frappée à la tête (1). De ce système de
civilisation qui la menace, elle ne s'en inquiète ni ne s'en ré-
jouit; elle fait mieux, elle l'ignore. De sa propre main, elle re-
construit tout l'édifice de l'empire germanique. L'Italie est de
nouveau réunie au trône de Charles-Quint. L'Autriche trouve
à faire peur de sa majesté décrépite et branlante à une royauté
qu'on dit nouvelle. Les Pays-Bas, sous la conduite de la France,
rentrent en paix dans l'héritage des princes allemands. Il y avait
autrefois, sur les derrières des nations germaniques, un peuple
qui pouvait les entraver, un peuple étrange en effet, et un hôte
incommode. Égorgé tous les siècles une fois, il recèle toujours,
je ne sais comment, en tombant, un peu de vie dans un coin de
son cœur, de quoi se redresser et revivre quelques mois à son an-
niversaire. Ce peuple, qui s'était remis sur son séant au bruit
qu'avait fait la France, vient d'être de nouveau égorgé en plein
jour. Ses plaies, en vérité, ont bien saigné; nous en sommes té-
moins. Il est permis cette fois de le croire mort en sûreté. Et la
France, qui voit ce cadavre, qui met son doigt dans ses plaies,
s'endort après cela sur son chevet. Il restait au midi, par hasard,

---

(1) Quand nous disons la France, nous croyons fermement qu'elle n'est
nullement complice des actes de ceux qui la gouvernent. Mais c'est un des
malheurs de l'histoire, de ne pouvoir spéculer que sur des faits accomplis, et
non sur des intentions frustrées.

dans les mers du levant, une misérable royauté que nous avions faite nous-mêmes; royauté de larmes, de décombres, de soupirs, de famine, de huttes de crins, de villes ruinées depuis deux mille ans. A travers tout cela, il y avait un trône que celui qui écrit ces lignes a vu faire avec la planche d'un brûlot jeté sur les marbres d'Égine. Peut-être la France va-t-elle s'y reposer. Vous le croyez? Sur cette planche encore, nous trouvons un place pour y asseoir un roi de la maison de Prusse et du système du nord.

Cependant une chose devrait ouvrir les yeux. La révolution française, survenue, dans l'ordre des temps, près d'un siècle après celle d'Angleterre, a aussi un autre système de faits à accomplir; et, depuis l'origine, sa pente, heureuse ou malheureuse, a toujours été de tomber tôt ou tard dans la forme contemporaine de la révolution d'Amérique. C'est là son écueil, on ne peut le nier, depuis le soleil de Campo-Formio. Une administration qui eût vu cette pente, qui eût compris son pays, pour le retenir et le rallier à quelque chose, eût rattaché à tout prix les libertés de la France aux libertés de l'Europe. Au lieu de cela, je ne sais quel incroyable plaisir on met à délier un à un ses rivages. La France n'est plus rien à l'Italie, plus rien à l'Espagne, plus rien aux Pays-Bas, plus rien à l'Allemagne. Les libertés qu'elle renie font leurs affaires sans elle, et se retournent contre elle; elle n'est rien au midi; le nord la repousse. Étrangère en Europe, la voilà maintenant suspendue quelque part à ses côtés, plutôt qu'elle ne lui est organiquement attachée. Un dernier lien lui restait, un lien odieux, la forme héréditaire de l'un des pouvoirs constituans, il a fallu le briser. Placée sous la pression de toute l'Europe constitutionnelle, cette fois elle ne peut plus songer à s'insurger et à déborder de

ce côté. En l'isolant, on a cru trouver l'équilibre, on n'a fait
que la détacher de la société dans laquelle elle avait ses racines;
c'est en vain qu'elle demande à grands cris le repos au prix de
l'avenir : l'histoire ne connaît point de repos à ce prix; et
quand le temps, en marchant sans s'arrêter, la trouvera quelque jour acculée à ses rivages, sur la dernière grève de l'occident, sans lien, sans ami, sans attache à aucun système envi-
ronnant, obsédée de tout le poids de l'Europe, que lui restera-
t-il à faire, à lui, qu'à la prendre dans ses mains pour la jeter à
la mer et la pousser à pleines voiles dans le système et les destinées du Nouveau-Monde?

Encore ces arrangemens pourraient-ils avoir à la fin quelque
louable issue, s'ils ne reposaient sur une erreur de situation, et
sur un fait matériellement faux. Dans le système social qui se
forme au sein du corps germanique, le gouvernement français,
s'il le connaît, ne voit qu'un mouvement superficiel de diplomatie. L'unité d'une civilisation rivale et nécessaire se dresse à
ses côtés sans qu'il entende le bruit qu'elle fait en marchant.
Après avoir abusé le monde, le monde l'a misérablement abusé,
et joué à faire pitié à ses plus grands ennemis. Les cabinets lui
ont laissé croire que les peuples, malgré son abandon, lui de-
meureraient fidèles. Les peuples lui ont laissé croire à leur haine
profonde pour leurs gouvernemens. En arborant au-dessus d'eux
une sainte alliance puissante et intraitable comme elle avait été,
ils l'ont décidée à reculer devant leur propre fantôme, c'est-à-dire
que les peuples lui font des rois qui ne sont plus; les rois lui font
des peuples qui n'ont jamais été. Trompée dans ses haines, trompée dans ses sympathies, la France vit entre deux mensonges.
Sous ces sympathies refoulées, sous ces libertés reniées, sous ces
alliances bafouées, se fomente à cette heure auprès d'elle une

unité puissante, une nationalité ambitieuse et blessée. Toutes
les questions ont changé de nature : la sainte alliance n'est plus
sur les trônes, elle descend dans les peuples. Laissez-la quelque
temps encore rallier le Nord, divisé depuis la réforme ; laissez
faire ces dissensions superficielles et ces discordes que nous avons
nourries, sous lesquelles se cache le travail intérieur de la civilisation germanique. Recueillez-vous davantage, s'il se peut,
dans vos foyers. On trouve encore aux murailles de nos frontières des trous par lesquels on peut passer la tête pour voir ce qui
se fait au-dehors. Fermez-les, murez-les ; rentrez chez vous, et
bientôt vous verrez de cette lutte apparente de liberté et de
despotisme, de ce chaos de peuples et de rois, où l'on ne dé-
brouille rien à cette heure, vous verrez surgir à votre porte,
non pas demain, il est vrai, une communauté d'intérêts, d'ambition, de génie, de ressentimens, d'avenir, qui se soulèveront,
non plus des trônes cette fois, mais de toute la hauteur d'une
race d'hommes, en face de la France obsédée et ruinée.

Et alors il ne servira de rien de dire que l'initiative de la civilisation a toujours été la propriété inaliénable de la France ;
car il est une chose aujourd'hui contestable et qui deviendrait
désormais évidente, c'est que l'initiative dans la civilisation,
c'est-à-dire la force, l'équilibre, la puissance, la richesse, à
mesure que le monde s'éloigne de plus en plus des traditions de
l'antiquité, aspire aussi, à chaque révolution du genre humain,
à se dégager du sein des vieilles races. Au sortir de l'antiquité,
la civilisation surgissait dans le monde byzantin, sur les limites
de l'orient ; elle circulait avec le christianisme autour du trône
des empereurs de Byzance, dans le sang de ces populations
grecques qui, depuis mille ans, n'avaient rien changé que leur
Dieu. Dans tout le moyen âge, le principe social avec la pa-

pauté, avec les libertés démocratiques, avec les richesses du
Nouveau-Monde, émigre en Italie et en Espagne, chez ces populations toutes romaines encore, il est vrai, par le fond, mais
qui au moins ont revêtu déjà la casaque des temps modernes;
plus tard, à la renaissance, à mesure que l'idée du monde civil
s'affranchit davantage, il arrive en France où il règne trois siècles; en France, c'est-à-dire chez le peuple le plus mélangé
qu'on eût encore vu, moitié ancien, moitié moderne, moitié
nord, moitié midi, espèce de Janus à la langue demi latine,
demi tudesque, placé sur la limite de deux mondes, autant
pour les unir que pour les séparer. Et aujourd'hui que la dernière tradition est brisée, aujourd'hui que le monde vient de
marcher d'un pas, on ne veut pas voir que l'on fait tout ce qu'il
faut pour amener, s'il se peut, la France à abdiquer l'avenir
entre les mains des nations germaniques.

Aussi, il faut avoir vécu à l'étranger pour consentir à ajouter
ce qui me reste à dire. Chez nous, quoi qu'il arrive, nous sentons battre le cœur du pays, et s'il se tait aujourd'hui, nous
pensons en nous-mêmes : « C'est pour demain ». Sous le pouvoir
qui l'ignore, nous sentons une nation invisible, tant elle est près
de terre. Mais au dehors, l'Europe qui nous mesure par l'action
du pouvoir, après s'être exagéré son péril, s'exagère sa bonne
fortune à elle. Il faut la voir chez elle se lever chaque matin,
peuples et rois, pour regarder si la France n'est pas encore à
terre, si ses provinces ne se sont pas détachées dans la nuit, si
dans ce délabrement qu'ils se figurent de loin, il ne va pas tomber
quelque lambeau à leur merci. Certes, il y a de quoi se rassu-
rer, et l'on ne songe nullement à nous attaquer debout. La
pression sociale de la France sur le reste de l'Europe ayant
manqué tout d'un coup au monde politique, on s'y épuise au

dehors en mille conjectures pour savoir comment ce grand pays a disparu et ce qui va se montrer à sa place. Ne craignez plus les haines, c'est un immense apitoyement sur une si étrange défaite. « *On n'en demandait pas tant, tout cela n'était pas exigé; on aurait pardonné à moins*»; car il faut bien que ceux qui le savent en avertissent tout haut ceux qui l'ignorent. Sous la restauration, nous étions protégés au dehors par l'ombre de l'empire et par nos propres débris. Aujourd'hui, il nous faut étouffer chez nous, si nous ne voulons pas que la rougeur nous monte au front. Adieu les pays éloignés, les sciences et les idées échangées, les patries adoptives, les retraites étrangères où nous allions nous reposer de nos passions civiles. Ces pierres qui nous aimaient nous font injure. Que pas un de nous cette fois ne quitte les cendres de son feu, s'il ne veut pas qu'à une lieue des frontières les passans lui fassent aumône à chaque seuil de leur pitié débonnaire. — « Eh! messieurs, je vous le jure, mon pays n'est pas mort; il vit, n'en doutez pas. » Mais eux, leur hospitalité insiste. Plus elle est emmiellée, plus elle devient amère ; je le dis, parce que je l'ai vu. Leur vin est fait de nos plus nobles larmes, et vous ne pouvez descendre dans la rue et secouer vos pieds à votre porte, sans que votre hôte ne dise à son voisin : « Or çà, c'est la poussière de la France. »

Vraiment, au reste, nous avons tort de nous étonner de cette condition où l'on mène l'état. L'état se renouvelle : il quitte avec douleur une ancienne dépouille. Tout gémit autour de lui et se ressent de cet effort. Dans la transformation de toutes choses qui se fait autour de nous, il fallait à l'avenir une génération tout entière qu'il pût épuiser à son gré dans son creuset pour voir ce qu'il aurait à tirer un jour du pays auquel elle appartient, qu'il pût rassasier, dans un court intervalle, de gloire,

de honte, d'or, de misère; qu'il pût, tant qu'il voudrait, couron-
ner de conquêtes et d'épines des buissons; blesser au cœur,
frapper à la joue, afin de faire sur elle ses essais pour les temps
qui suivront et pour le peuple qui en doit profiter; et cette
génération, c'est la nôtre. Aussi bien, quand nous sommes nés dans
la gloire de l'empire, et quelque temps après, que dans notre en-
fance, nous nous sommes mis à jouer dans la rue avec ce qui
restait de son dernier lambeau, nous aurions dû songer qu'un
tel apprentissage ne nous présageait rien de bon pour notre âge
mûr. Aujourd'hui, qui nous dira des nouvelles de notre jeunesse
un moment si courtisée, si enviée sous la restauration, et que
l'on salua de si hautes promesses pour son âge viril. Eh bien!
nous y voilà arrivés, et notre robe virile à nous, où est-elle?
vous nous vêtissez de douleurs et de haine. Est-ce là tout? Si
quelqu'un le sait par hasard, qu'il nous dise où sont nos projets
commencés, nos études enthousiastes, notre spiritualisme hau-
tain et notre avenir politique dont nous étions si fiers? N'en par-
lons plus de grâce. Notre jeunesse est devenue vieillesse en quelques mois, et c'est de nous qu'il faut dire que nos cheveux ont
blanchi en une nuit. L'espérance manque à nos âmes, comme
le travail des mains manque à l'ouvrier sur son métier. Le
ver qui ronge nos institutions d'hier, se nourrit aussi, quand il
a faim, de la moelle de nos os, et chacun de nous est occupé à
enterrer en secret une partie de lui-même, avec sa moitié de
planche qu'il a emportée du trône.

De cela et de tout ce qui précède, on ne peut tirer qu'une
conclusion, à savoir : que des symptômes de mort s'agitent sous
nos pas, pour qui sont-ils? c'est là la question. Quelque chose
est menacée de périr dans le monde, on n'en peut plus douter.
On entend dans l'état cette plainte extraordinaire qui toujours

a annoncé de près une ruine dans l'histoire; on ne sait quelle chose, mais une chose va tomber, si on n'y prend pas garde : reste donc pour la sauver à découvrir ce qu'elle peut être et de quel côté elle est.

Est-ce la France? non, la France ne périra pas. Bien des institutions semées à sa surface peuvent changer ou disparaître; bien des cœurs, qui battent pour elle, peuvent être frappés de mort, mais non pas elle. Plus sa misère nous étonne, plus il devient évident qu'elle recèle en elle des destinées nouvelles; c'est un simulacre de ruine, comme d'autres ont des simulacres de grandeur. D'autres peuples sont plus riches, plus heureux, doués d'un meilleur soleil; dépouillée et nue telle qu'on l'a faite, elle est encore plus belle dans son délabrement qu'ils ne le sont dans leur puissance; dépossédée et les pieds nus, elle conserve entre eux tous quelque chose de royal. On a beau la pousser dans la rue, on voit d'où elle descend et où elle remonte. Qu'ils se vantent, eux, tant qu'ils voudront, nous ne donnerions pas sa misère pour leur gloire, et nous ne changerions pas leurs royautés ni leur ambition couronnée contre cet embryon d'avenir que la France emporte et cache sous son manteau déguenillé.

Pourquoi cela? Le voici :

Depuis que la France a pris l'initiative dans la civilisation moderne, elle a défendu de deux manières son système contre la réaction de l'Europe, tantôt par la puissance matérielle et la prépondérance de la force, tantôt par la puissance des idées et l'énergie des doctrines politiques; quelquefois ces deux élémens ont été réunis dans sa main, plus souvent ils ont été séparés; mais toujours quand sa force a commencé à défaillir, la puissance de ses idées a surgi de nouveau dans une égale proportion, en sorte que soit par la main, soit par la tête, il n'y a point eu d'interrègne pour elle dans sa mission sociale. Sous Louis XIV, le génie de la pensée et le génie de la force se rencontrèrent et donnèrent à cette époque son harmonie de gloire. Dans le siècle suivant, l'action politique exercée au dehors se réduisit à rien. Mais alors, pour contenir l'Europe et la garder pour soi, quel effort de doctrines, quelle audace de théories, quel empressement à tout briser chez soi, quelle ardeur des idées à se soulever sur les planches du trône pour faire à elles seules tête au continent! Et elles y réussissent. Voici une autre époque : cette fois les doctrines ne sont rien, l'énergie civile n'est rien, les idées rentrent désarmées, chacune en ses foyers, les principes replient leurs étendards, les conséquences s'arrêtent inclinées au pied des trônes et retournent en arrière. Mais aussi la France se sert alors de sa force, et n'a guère besoin de s'armer de pensées. C'est le temps de l'empire.

Aujourd'hui l'une de ces solutions est ouvertement abandonnée au profit du pays, j'y consens. La force calme et fière qui sied à un vaincu, on n'a pas voulu la garder dans la victoire, je l'admets. On a voulu faire un pas dans l'humanité, et rentrer dans le fourreau la grande épée qui pouvait briser le nœud gordien des sociétés modernes. Tout cela, nous le louerons si l'on y tient. Mais il faut être conséquent. Voilà le pays suffisamment alangui et démantelé, et contraint d'être sage quand il ne voudrait pas l'être. Non, la force ne résistera pas cette fois à la force. Reste donc pour nous sauver l'énergie des doctrines et des institutions politiques. L'Europe constitutionnelle, telle que nous l'avons décrite ci-dessus, frappe à la porte de la France, et menace de passer le seuil. Quel est le mouvement naturel et la loi de la France, si ce n'est, pour lui échapper, de monter d'un degré

3.

plus haut à l'échelle de ses libertés privées, et de s'enfouir sans
retour dans la dernière conséquence de son principe vital? De
ce côté, elle a devant elle encore un champ clos, une idée cré-
nelée, un avenir muré pour s'y fortifier et y planer à l'aise. Le
continent la pressera, la foulera jusqu'à ce qu'elle soit obligée
de déployer pour son salut une forme nouvelle de son droit politique. Vous verrez qu'il faudra, pour résister, qu'elle en-
traîne derechef les peuples qui l'entourent au nom d'une idée
meilleure que la leur, et cachée plus avant au cœur de l'avenir. Quelle qu'elle soit, cette forme mystérieuse où on la pousse,
et qu'elle avouera quand elle ne pourra faire autrement, c'est
le bouclier magique d'Arioste, qu'un voile recouvre à l'arçon
de sa selle, et qui suspendra son ennemi à son enchantement,
quand il brillera au soleil. Songez bien que la France s'avance
à la tête de tout un mouvement européen. Le reste suit de près.
Il est trop tard pour réfléchir, ni pour bouder sa gloire. Le pouvoir a beau regarder en arrière, la France ne peut plus s'arrêter, sans que mille langues étrangères ne lui crient aussi à son
oreille à elle : « Marche, marche »; ni reculer, sans que tous ces
peuples acharnés à la suivre ne lui passent sur le corps. Placée
entre un démembrement et un nouveau changement de la loi
organique, quel pays hésiterait? La France moins qu'un autre,
car la France est le Protée des libertés modernes. Rien ne lui
coûte pour changer de forme, en gardant sa pensée. Vous ter-
rassez en elle le génie du dix-huitième siècle, et vous allumez
l'incendie de l'empire. Vous éteignez l'empire, et vous retrou-
vez dans vos mains le génie de 89. Vous lui liez les mains, et
son esprit vous submerge ; ou vous tarissez son esprit, et c'est
son bras qui vous tue. Il faut choisir : l'Europe d'aujourd'hui
croit n'avoir qu'à se pencher de son côté pour la prendre ; et

quand l'Europe se baissera pour ramasser son territoire, au lieu de villes et de champs reconquis, elle ne relevera de terre que des idées armées, et des faits accomplis qui renversent en une heure des royautés d'un jour, comme des royautés de mille années.

Ainsi, en tout cela, la fortune du pays est hors de cause. Les dangers que nous voyons ne sont pas ses dangers, et ce n'est pas lui que menacent de tuer les germes de mort qu'on trouve à sa surface ; mais, s'il est une chose triste à voir et qui vaut une larme, c'est une monarchie aimée de tous, et qui, à peine née, se dévoue à appeler sur elle tous les périls de son époque. A chaque degré qu'elle descend devant l'unité du continent, le pays monte et s'élève à sa place. Pour chacun de ses droits qu'elle abandonne au monde, un autre de ses droits lui est enlevé chez elle ; ce qu'elle donne aujourd'hui au dehors au prix de son éclat, demain il faut qu'elle le rachète au dedans au prix de sa substance ; placée entre deux forces opposées qu'elle nourrit d'elle-même, la réaction de l'Europe et le pouvoir populaire, et qui, chacune de son côté, lui arrache un lambeau ; quand elle aura tout cédé à l'une, elle aura aussi tout cédé à l'autre, et ne se survivra que dans ces deux forces rivales qu'elle aura l'une et l'autre grossies et refaites d'elle-même. L'équilibre s'établit dans l'Europe, dites-vous ? Je le crois bien ; la monarchie jette, par égale partie, ses dépouilles à la tête du siècle. Et cette logique si simple, il n'y a qu'elle qui ne la voit pas. Ce qu'elle nomme la paix, et ce qui l'est pour le monde, c'est la guerre pour elle, et elle seule n'en sait rien ; ce qu'elle appelle harmonie de l'Europe, c'est son déchirement à elle. Et tout le monde en profite, sans que personne l'avoue. On dirait qu'elle pacifie l'abîme pour y entrer sans bruit et sans émoi pour personne. Et l'on voudrait que le pays souffrît ce spectacle sans

trouble! **Oh!** non pas, certes. Quand un homme seul descend
du haut d'une institution pour marcher à sa ruine, même s'il
s'en va à Sainte-Hélène, il laisse à son pays une plaie guérissa-
ble; mais si c'est l'institution, quelle qu'elle soit, vieille ou
jeune, à chaque pas qu'elle fait pour décroître, elle ouvre un
précipice à chaque foyer domestique; un peuple entier est saisi
d'amertume et de tristesse étrange, comme un seul homme. Il
porte d'avance le deuil d'une chose qui n'est pas, qu'il ne sait
pas, qu'il ne voit pas, qui peut encore ne pas être. A mesure
que cette institution descend vers son rivage, il se fait au fond
de lui un vide inexplicable; et quand elle achève de disparaître,
on n'entend que douleur, que regrets, que mutuelles récrimi-
nations, que sourdes plaines dans l'état, jusqu'à ce que l'abîme
se soit refermé à tout jamais sur elle.

Et puis encore, pourquoi ne pas le dire? Oui, il faut le
dire, quoique cela navre le cœur; car des terreurs que chacun
propage à demi-voix ne gagnent rien à rester contenues dans la
poitrine des citoyens. Avouons-le donc avec l'effroi que de sem-
blables paroles portent avec elles. Oui, c'est une chose mystérieuse et de funeste augure que cette royauté qui naît d'un
régicide. Oui, nous le reconnaissons: c'est un symbole jusqu'ici
inouï dans l'histoire, et qui porte dans ses replis des choses où
nos yeux ne peuvent plonger encore. Erreur vulgaire, préjugé
mis en poudre, symbole de pardon ou de vengeance, de grâce
ou de colère, qui le sait aujourd'hui? Et bien digne en tout cas
de préoccuper l'attention du monde, puisqu'il s'agit de montrer
ci d'une manière solennelle qu'il n'est pas vrai, comme les
peuples l'ont cru, que le fils innocent porte la coulpe du père.
Ce n'est pas une question politique seulement, vous ne le croyez
pas; c'est une question religieuse, divine, une question de foi,

de conscience universelle qui plane à cette heure , mystérieuse
et terrible, sur la France. Qu'elle la garde donc bien sa royauté,
puisque sa royauté c'est le pardon , puisque sa royauté c'est
l'alliance et la réconciliation. Otez-la , renversez-la aujourd'hui,
et demain le monde retourne à son erreur; et il reste plus que
jamais convaincu que les générations sont solidaires l'une de
l'autre , que lui-même il est sous le poids de son passé ; et une
tristesse invincible le saisit ; et il demeure établi pour tous les
siècles , que toutes les fois que cette royauté nouvelle passait
dans la rue et chancelait d'une manière si étrange, c'était la
fortune de Philippe-Egalité qui se soulevait invisible de terre ,
pour renverser une seconde fois la couronne de dessus les
épaules de tous ses descendans.

Ne nous y méprenons pas ; notre siècle, surpris à son avéne-
ment par la révolution et par l'empire, est encore courbé sous
ce double effort. Pour peu qu'il se remue, sa pensée s'agenouille
sous le fardeau de cette ère. Soit la convention, soit l'empire,
toute idée plie sous le faix d'une terreur ou d'une admiration ;
et au plus fort de ses projets, quels qu'ils soient, le genre humain d'aujourd'hui penche encore la tête sous son diadème de
sang et sous sa couronne de fer. On a vu toute une époque vivre
au jour le jour dans l'attente d'un danger imminent, et ce péril
n'être au fond que le retentissement d'un péril passé; car il est
visible que le bruit de guerre universelle qui éclate depuis un an
n'est que l'écho des marches de la convention et de l'empire dans
le génie de notre époque. Que l'on ne fasse honneur à personne
de l'avoir évitée. Elle était impossible : la guerre de principe
n'était pas plus faisable pour l'Europe le lendemain de juillet
qu'elle ne l'est aujourd'hui. Pourquoi cela? Parce qu'elle est
achevée, parce que les faits accomplis ne s'accomplissent pas

deux fois, parce que le germe de guerre que 89 avait jeté dans
la société moderne a été épuisé par les batailles de la convention, parce que l'empire a assumé sur lui et dévoré toutes les
grandes conséquences militaires du dogme de la révolution française. Quand la réformation parut en son temps, elle aussi ap-
porta dans le pli de sa robe de moine la guerre de trente ans ;
il fallait cet espace pour épuiser sa colère et pour vider sa querelle. Mais on ne revit pas, après cela, deux fois la guerre de
trente ans ; on n'alla pas déterrer les os de Wallenstein dans le
cimetière d'Egra pour leur dire : « Recommencez ce que vous
avez achevé. » On ne revit pas deux fois Gustave ni Tilly, et
personne, ni catholique, ni protestant, ne se soucia de remettre,
après un demi-siècle, ses morts en bataille. Le principe nouveau avait survécu à l'attaque du monde, et le monde s'y sou-
mit. Aujourd'hui il en est de même. A la parole de Luther, il a
fallu le bras de Gustave-Adolphe ; à Mirabeau, Napoléon ; et
dans les deux cas, ces deux hommes se suffisent l'un à l'autre.
Cherchez dans les plis de la révolution un germe de guerre, une
cause de querelle, un signal de bataille que Napoléon n'ait pas
ramassé, un sujet de conflit européen qu'il n'ait pas relevé, une
conséquence militaire qu'il n'ait pas développée, vous n'en
trouverez point ; et c'est là sa grandeur que d'avoir absorbé en
lui tous ces faits, toute cette colère, toutes ces chances, et de
vous avoir rendu aujourd'hui impossible, pour la même cause,
la grande guerre, la guerre universelle. La monarchie et la démocratie peuvent donc à cette heure batailler tant qu'elles voudront chez elles, personne ne s'armera plus au dehors pour les
séparer. Chacun est livré à sa force naturelle et intime. Plus
d'alliances artificielles, plus d'espérances trompeuses. Ce sont
deux principes qui s'arment en champ clos pour le jugement de

Dieu. Les voilà tous deux nus et dans une enceinte isolée qu'ils se sont faite eux-mêmes; tous deux seuls, irrévocablement seuls, sans moyen de détourner ailleurs ni de retarder la lutte. Le pouvoir populaire n'a plus d'alliés au dehors; mais le pouvoir royal non plus, ce qui reste de lui ne suffisant plus pour occuper le monde à sa défense; et quand ce serait lui qui viendrait à périr, l'Europe, cette fois, ne s'en troublerait plus que pour ramasser sa dépouille, si on la laissait faire.

Je me trompe pourtant : entre ces deux grands pouvoirs, quelque chose s'est interposé; nous, hommes d'hier, classe sans nom, pouvoir sans nom, aristocratie sans passé, qui avons ramassé sur les degrés de la révolution ce que nous avons pu trouver des restes de l'aristocratie défaite; nous, un tronc sans chef, qui s'en va en portant sa tête dans sa main comme le saint Denis du peuple. Et, ce qu'il y a d'effroyable, la monarchie suit à travers champs ce corps décapité, et ne voit pas qu'à la première pierre, ce je ne sais quoi qui est nous, c'est-à-dire, qui n'est ni plèbe ni noblesse, va tomber dans la rue et laisser échapper sur le pavé l'ancien chef découronné de la vieille oligarchie que nous tenons et raffublons dans nos mains. Nous faisons de notre mieux pour supporter le poids de notre époque; mais nous n'avons pour cela ni la force du peuple d'aujourd'hui, ni le fer de la noblesse d'autrefois. Que nous reste-t-il donc à faire? Nous préparer à périr dignement, comme ont péri tous les pouvoirs supérieurs qui nous ont devancés; car ce que l'on fait pour nous sauver nous tue, et notre grandeur est de nous résigner tôt ou tard à tomber sous les pieds de l'état pour empêcher sa chute. Nous avons cru qu'il se ferait un miracle pour nous, et que le pouvoir des temps modernes, descendu par bonds jusqu'à nous, s'arrêterait à nous. Nous avons détourné les yeux de cette autre

démocratie sans fond qui nous regarde béante. Nous avons dit
à haute voix en nous voyant et en nous croyant seuls : « Dieu
merci, c'est assez descendu. » Et nous avons laissé tomber ainsi,
sans le vouloir, notre secret dans ces cercles de lentes répré-
sailles que nous creusons de nos pieds. Chose étrange ! on avoue
l'esprit de changement dont la France est saisie, et l'on cherche
des institutions contraires à cet esprit, pour le tenir en lesse ;
mais un peuple ne vaut rien à faire le stoïcien, et il ne tend
pas long-temps des embûches à sa propre nature. Si la mobi-
lité, comme on le dit, est le génie de la France, c'est la mobi-
lité qui s'organisera chez elle et qui trouvera en soi son remède
et sa durée. Le pouvoir aristocratique et le pouvoir monarchique ont eu, chacun dans le passé de la France, des siècles pour
se développer à l'aise. Reste le pouvoir démocratique, avide,
lui aussi, d'une place égale dans le temps, pour s'y consumer à
son tour, afin que tous les faits de la société moderne étant accomplis, et toutes ses solutions épuisées sur les ruines de toutes
les formes, s'établisse un jour dans ses fondemens l'ordre nouveau dont le monde est en travail, et que personne ne peut aujourd'hui ni définir ni prévoir.

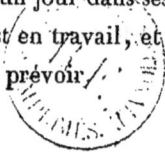

REVUE

DES DEUX MONDES.

Ce Recueil périodique, véritable *Magazine* à l'instar de ceux de l'Angleterre, paraît le 1er et le 15 de chaque mois par livraison de sept à huit feuilles d'impression, sur papier grand raisin.

On s'abonne

AU BUREAU DE LA REVUE DES DEUX MONDES,

RUE DES BEAUX-ARTS, N. 6 ;

ET CHEZ PAULIN, PLACE DE LA BOURSE.

PRIX DE L'ABONNEMENT :

POUR PARIS.................. 48 f. par an.
POUR LES DÉPARTEMENS....... 54
POUR L'ÉTRANGER. 60

IMPRIMÉ CHEZ PAUL RENOUARD, RUE GARENCIÈRE, N. 5, F S.-G.

www.ingramcontent.com/pod-product-compliance
Lightning Source LLC
Chambersburg PA
CBHW071009280326
41934CB00009B/2229